LILA GUILLEN

LAS 7 LLAVES MÁGICAS

SELECTOR
actualidad editorial

SELECTOR
actualidad editorial

Doctor Erazo 120   Tels.   543 70 16 - 682
Colonia Doctores   536 30 31
México 06720, D. F.

LAS SIETE LLAVES MÁGICAS

Portada: Víctor Machuca
Ilustraciones interiores: Humberto González

D.R. © 1994, Selector, S.A. de C.V.

Derechos exclusivos de edición reservados para el mundo.

ISBN (español): 968-403-820-8

Vigésima Primera reimpresión. Julio de 2004

Características tipográficas aseguradas conforme a la ley.
Prohibida la reproducción parcial o total de la obra
sin autorización de los editores.
Impreso y encuadernado en México.
Printed and Bound in Mexico.

Contenido

Introducción 9
Prólogo para maestros y padres 15

1. **Las 7 llaves mágicas** 23
2. **Los dos huevecillos** 47
3. **Los dibujos del mago** 53
4. **El poder de tu imaginación** 67
5. **La cueva de los cuadros** 81
6. **Copiando a tus héroes** 101
7. **Los anteojitos mágicos** 111

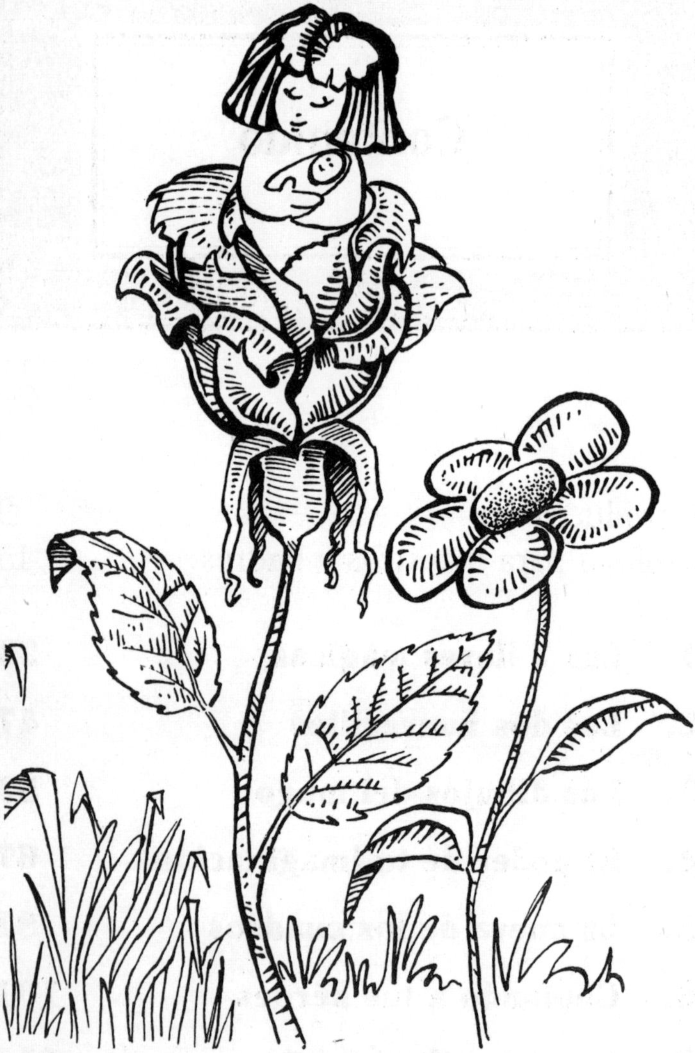

A mi mejor amiga... mi madre.

Lila Guillén

A mi adorada hija Áurea, de 3 años,
quien ha venido a despertar
muchos sentimientos hermosos que yo
desconocía y quien,
con su actitud, me ayudó a identificar
sin lugar a dudas
cuáles historias eran divertidas
y cuáles eran aburridas.

Jorge del Moral

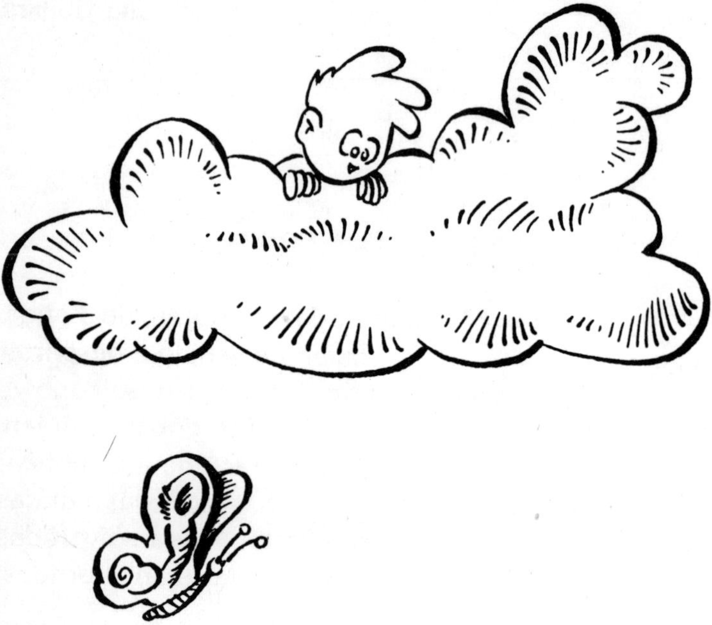

Introducción

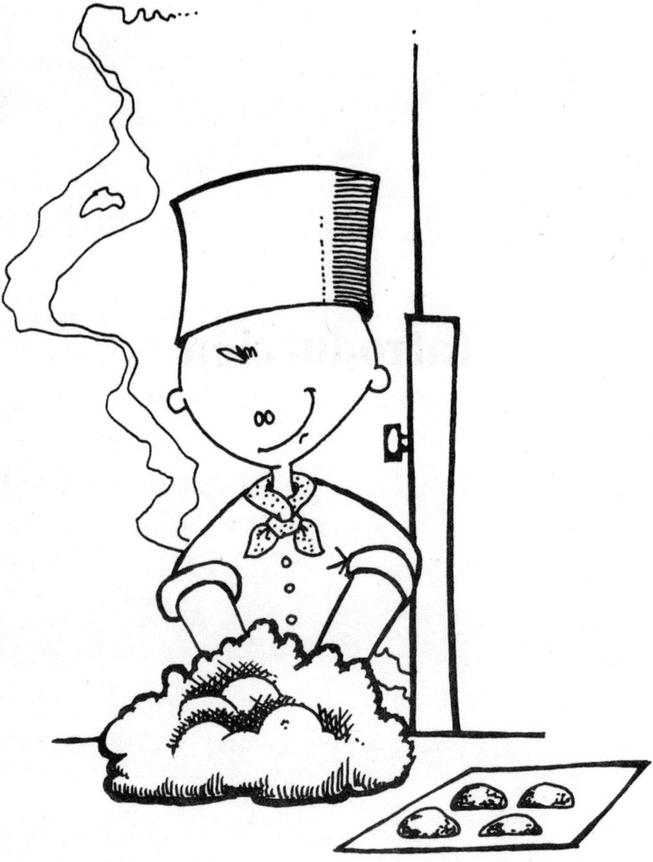

A través de los últimos años, trabajando con personas en lo que se ha venido a conocer como "La ciencia del éxito personal", he podido darme cuenta del impacto tan grande que algunas herramientas y técnicas de comportamiento humano pueden llegar a tener en la vida de las personas.

De igual forma ha sido tremendamente grande la recompensa que he recibido en amistad y agradecimiento de las personas a las que he enseñado algunas de estas herramientas. Mayor aún ha sido la recompensa de ver a estas personas actuar y comportarse diferente, con seguridad, con respecto a lo que desean de la vida y *saben* que van a lograr.

Como padre de una pequeña hija de tres años, la idea de dejar una herencia permanente, que ella pudiera utilizar a lo largo de toda su vida, dio origen a este libro.

Introducción

El pensar que no sólo los adultos, sino que todos los niños pudieran aprender mediante juegos a usar en forma natural estas herramientas de comportamiento humano, es una idea que me produce gran felicidad.

Durante mis sesiones con adultos, muchas veces les digo que tienen que reaprender a comportarse y pensar como niños para poder realizar los ejercicios y dominar las técnicas.

Estoy convencido de que los niños son maestros naturales en el uso de la imaginación, elemento indispensable en "La ciencia del éxito personal".

Es mi más ferviente deseo, y así lo visualizo, el que todo niño que juegue con las técnicas (y juegos) detalladas en este libro, logre un cambio positivo permanente que produzca en su vida los éxitos que merece.

Jorge del Moral, mayo de 1994

Desde muy pequeña he tenido la curiosidad de saber cómo han logrado algunas personas destacar y ser exitosas. Recuerdo haber leído un sinnúmero de libros que trataban estos temas, pero ninguno de ellos enfocado a despertar este interés hacia los niños.

Creo que es importante que, desde pequeños, los niños aprendan a superarse, y siendo ellos tan fáciles receptores decidimos que, por medio de cuentos o fábulas, podríamos transmitirles algunas técnicas de comportamiento que les serán de gran ayuda para lograr el éxito.

Lila Guillén, mayo de 1994

Prólogo para maestros y padres

Como se menciona en la introducción a este libro, he visto en acción el impacto tan grande que determinadas técnicas y herramientas de comportamiento humano producen en la vida de las personas.

He seleccionado algunas de las más comunes y fáciles de estas herramientas para mostrarlas y, en el caso óptimo, poder trasmitirlas en forma de cuentos cortos a los niños que lean este libro. La forma más efectiva de memorizar una técnica es precisamente mediante un uso extensivo de la historieta y las imágenes, seguido de la repetición y la práctica.

Me consideraré tremendamente afortunado si logro despertar el suficiente interés en los niños que lean este libro como para que deseen releerlo varias veces.

El capítulo 1, "Las 7 llaves mágicas", tiene por objeto el describir las siete características más comunes que existen en las personas de éxito. Ya sea que busquemos éxito financiero, profesional, de desarrollo personal o físico, las características siempre se aplican. Quienquiera que sea nuestro modelo en cualquier campo de la actividad humana, encontraremos irremediablemente que esta persona o modelo reúne las siete características descritas.

El capítulo 2, titulado "Los dos huevecillos", nos introduce al poder de la perspectiva. El cerebro dirige nuestro ser y nuestras actividades hacia aquello que ocupa nuestros pensamientos. De ahí que es fundamental el pensar "en lo que queremos" y evitar pensar "en lo que no queremos" (lo cual desafortunadamente ocurre con bastante frecuencia).

El capítulo 3 bajo el título de "Los dibujos del mago" tiene por objeto introducirnos a la interesantísima área de la relación fisiología-estado mental. La mayoría de nosotros puede adivinar el estado mental (neuro-fisiológico) de una persona partiendo de la postura (fisiología) que ésta tenga.

Lo que poca gente sabe es que estamos en una avenida de doble circulación. Nosotros podemos sencilla y rápidamente cambiar cualquier estado mental o anímico (tristeza, ira, angustia, impaciencia, etc.) que tengamos utilizando el poder de nuestra fisiología; esto es, cambiando nuestra postura, nuestros gestos, nuestro ritmo respiratorio y nuestro enfoque visual.

La historia llamada "El poder de la imaginación", que se cuenta en el capítulo 4, nos enfrenta precisamente con este poder maravilloso que todos poseemos, especialmente cuando niños en nuestra temprana infancia. Desafortunadamente, durante el proceso del crecimiento hacia la edad adulta, pagamos el precio extremadamente alto de perder o atrofiar nuestra imaginación. Con ello, muchas veces perdemos la habilidad de crear nuestros "sueños" en la mente para después poder crearlos en la realidad. Debemos esforzarnos para readquirir este poder dado que "no existe ninguna creación humana que no haya tenido su origen en la mente de alguna persona".

El capítulo 5, cuyo título es "La cueva de los cuadros", nos muestra la sencilla técnica conocida como "re-enmarcamiento". Expresado en un dicho común: "las cosas se ven según la luz del cristal con que se miran". Un adecuado uso de esta técnica nos puede ayudar a transformar una sensación de desánimo y derrota en una sensación de persistencia y optimismo.

Prólogo

La habilidad de poder ver las cosas y las situaciones desde un marco de referencia positivo, que nos haga sentir bien y nos aleje de estados neurofisiológicos paralizantes, se adquiere como cualquier otra habilidad mediante la práctica y la perseverancia. Una vez adquirida, las recompensas son múltiples.

El capítulo 6 nos narra la historia "Copiando a tus héroes". Las técnicas de modelaje surgidas a partir del desarrollo de la Programación Neuro Lingüística (PNL) han probado su gran utilidad en el aceleramiento de la consecución de resultados deseados mediante la técnica de copia o modelaje de elementos clave como la fisiología, la sintaxis mental y las creencias. Esta técnica se ejemplifica en las acciones tomadas por nuestro pequeño héroe en la historia.

Finalmente, el capítulo 7 nos presenta la historia de Tato, el patito en "Los anteojitos mágicos". Este capítulo refuerza la temática de la relación fisiología-estado mental. La diferencia entre los que tienen y los que no, entre los que pueden y los que no, entre los que hacen y los que no, no radica en lo que nos ocurre día por día, sino en *cómo interpretamos* lo que nos ocurre y, en consecuencia, qué hacemos al respecto.

Prólogo para maestros y padres

Partiendo de la base de que cualquier comportamiento humano es resultado del estado neurofisiológico existente en ese momento en la persona, la clave fundamental de producir aquellos comportamientos que nos acerquen a nuestras metas y objetivos, radica en el hecho de controlar nuestros estados.

La primera de las llaves para lograr este control fue mencionada en el capítulo 3 cuando hablamos de nuestra fisiología.

La segunda avenida que nos lleva a este control radica en *el poder personal* que cada uno de nosotros posee desde nuestro nacimiento. Este poder personal es sencillamente la capacidad que tenemos de interpretar todo lo que nos ocurre diariamente, en la forma en que lo deseemos. Recordemos que *el cómo nos sentimos* no es el resultado de lo que nos está pasando. Es el resultado de *cómo interpretamos lo que nos está pasando.*

Nuestro amiguito Tato nos muestra en la historia el uso de su poder personal.

Capítulo 1

Las 7 llaves mágicas

Hace muchos años, en un reino lejano había un joven llamado Antonio. Todos los súbditos lo admiraban y algunos de ellos lo envidiaban, queriendo ser o sentirse reyes, como su monarca Antonio.

Una tarde, un pequeño pajarillo rojizo pasó volando sobre el reino. Este pajarillo se llamaba Cardenalín, y era el más pequeño de una familia muy numerosa. El mejor amigo de Cardenalín era un pajarillo verde llamado Periquín, quien siempre lo acompañaba en sus juegos.

Al sobrevolar el reino, Periquín miró sorprendido cómo el joven rey Antonio iba pasando por la calle principal y toda la gente lo aplaudía y lo miraba con admiración.

—Cardenalín, ¿por qué el rey Antonio es tan poderoso? —Preguntó Periquín.

Capítulo 1

—Porque es quien tiene todo el poder en este reino. —Respondió Cardenalín.

—¿Y cómo obtuvo todo ese poder, Cardenalín? Yo también quisiera ser poderoso como ese rey. —Dijo Periquín.

—¿Para qué quieres ser poderoso, amiguito Periquín? —Preguntó Cardenalín.

—Pues... porque si yo fuera poderoso, podría hacer muchas cosas. Podría tener muchos juguetes, podría ir a visitar muchos lugares bonitos, podría ayudar a mis papás con el alimento de mis hermanitos. —Respondió Periquín.

Al escuchar Cardenalín esto se quedo pensando unos momentos, y luego volvió la mirada a su amigo Periquín y con un tono de voz muy serio le dijo:

—Periquín te voy a contar el secreto de las 7 llaves mágicas.

—¿Las 7 llaves mágicas? —Gritó Periquín —¿Qué son las 7 llaves mágicas, Cardenalín?, dime, dime, dime, quiero saberlo.

—Las 7 llaves mágicas son aquellas llaves que te abren las puertas del poder y del conocimiento. Estas 7 llaves me fueron dadas por las personas más poderosas que han existido en el mundo. Estas personas han sido muy sabias, poderosas, ricas, y muy famosas. —Dijo Cardenalín.

Con los ojos muy abiertos Periquín le dijo con voz muy suave a Cardenalín:

—¿Quieres decir que si yo tuviera estas 7 llaves mágicas, yo también podría ser poderoso y rico, y famoso, y...?

—Sí— respondió Cardenalín.— Toda persona que utilice estas 7 llaves mágicas obtendrá todo lo que desee en la vida. Sin embargo, debes prometer que únicamente usarás este poder para bien. Si en algún momento alguien que tuviera las 7 llaves mágicas las quisiera utilizar con algún fin malvado, perdería inmediatamente todo lo que tuviera y el poder desaparecería.

—Cardenalín, yo te prometo que siempre usaré para bien el poder de las 7 llaves mágicas.

Capítulo 1

—Yo lo sé —dijo Cardenalín— y es por eso que te voy a contar el secreto. Este secreto se lo podrás contar a todos los niños buenos que quieras, para que ellos también obtengan el poder y lo utilicen para bien. Dejemos de volar y bajemos a ese árbol cerca del río donde están las flores de colores. Ahí te contaré cuáles son estas llaves y su historia.

Una vez dicho esto, Cardenalín y Periquín descendieron rápidamente hasta detenerse en una rama de un gran árbol situado entre flores y un riachuelo de aguas cristalinas. Antes de empezar a contar su historia, Cardenalín se detuvo un momento a escuchar el sonido de todos los animalitos del bosque. Él y Periquín podían escuchar el sonido del agua del río deslizándose tranquilamente. También podían escuchar a las abejitas que volaban de flor en flor tomando la miel y volando a su colmena. De vez en cuando podían escuchar también el sonido de unos conejitos y cervatillos que jugaban y corrían por el bosque.

Cardenalín, con una voz muy tranquila y pausada, empezó su historia diciendo:

—Periquín, el primero de estos secretos se encontraba en un cofre color verde. Uno de los magos y sabios me lo mostró y me invitó a abrirlo. Cuando lo abrí, encontré la primera llave mágica.

—¿Qué era? ¿Cómo era?, dime, dime.

—Ten paciencia, Periquín. Como te decía, al abrir el cofre verde brincó de él un pequeño gnomo verde riendo a carcajadas y con la cara más alegre que yo haya visto jamás. "Hola Cardenalín, yo soy la ALEGRÍA y estoy muy contento de conocerte", me dijo.

—¿La ALEGRÍA?, preguntó Periquín —no entiendo cómo la ALEGRÍA puede ser la primera llave mágica.

—Deja que te explique —le contestó Cardenalín—. Yo estaba igual de sorprendido que tú, pero el gnomo verde, es decir la ALEGRÍA, me explicó que sin ella, nadie puede tener éxito en ninguna cosa que se intente.

Capítulo 1

Periquín todavía se mostraba confuso ante el secreto de la primera llave mágica, por lo que Cardenalín, al ver su rostro sorprendido, continuó explicando:

—La ALEGRÍA es la primera llave mágica que te permite alcanzar el poder y el éxito en cualquier cosa que tú desees lograr. Cuando tú piensas en todas las personas que han existido o que viven en la actualidad y que son personas de éxito, famosas ricas, y poderosas, todas ellas, sin excepción, utilizan la primera llave mágica.

Cardenalín se quedó pensativo por un momento, y luego continuó:

—Piensa en los mejores deportistas que conozcas, piensa en los mejores artistas o héroes o cantantes o en quien tú quieras, que tú admires mucho por ser famoso, rico, sabio, exitoso. Todas estas personas utilizan la ALEGRÍA en todo lo que hacen. Piensa, amigo Periquín, que cuando te han salido mejor tus tareas de la escuela o tus trabajos, es cuando al hacerlos estabas contento y feliz.

—¡Eso es cierto! —gritó Periquín—. En la escuela he hecho algunos trabajos que me han gustado mucho, y siempre me han salido muy bien porque estaba contento cuando los hacía.

—Exactamente, es por eso que la ALEGRÍA es la primera llave mágica. Cuando haces algo sin ALEGRÍA es muy difícil que te salga bien o que disfrutes el hacerlo. Piensa, Periquín, en aquellos niños que vimos el otro día trabajando en la escuela, no tenían ALEGRÍA, y sus trabajos no quedaron tan bonitos como el grupo de niños que estaba en el jardín de enfrente trabajando con ALEGRÍA.

—Qué bien, Cardenalín, qué bueno que ahora ya tengo la primera llave mágica —dijo Periquín—; de ahora en adelante usaré la ALEGRÍA en aquellas cosas que quiero lograr para que me salgan bien.

Capítulo 1

A continuación, Cardenalín miró el azul del cielo, como tratando de recordar la historia, y luego le dijo a Periquín:

—Periquín, la segunda de las 7 llaves mágicas se encontraba en un cofre color azul, como el cielo, al abrir este cofre lo encontré vacío, y con la cara llena de curiosidad le pregunté al mago y sabio que dónde estaba la segunda llave mágica.

—El mago sabio me contestó que se encontraba enfrente de mí, a lo que yo le dije "¡pero el cofre está vacío, no hay nada!" El mago contestó, "¡eso, Cardenalín, es lo que TÚ CREES!" Hace muchos años vivió un hombre llamado Henry Ford, quien fue muy rico y poderoso. Henry acostumbraba decirle a las personas: "Si tú crees que puedes hacer algo, tienes razón; pero si tú crees que NO puedes hacerlo, también tienes razón."

—¿Qué quiere decir eso —preguntó Periquín.

—El mago me explicó que la segunda llave mágica era la FE. Lo que el señor Henry Ford quería decir era que nosotros, en nuestra mente y con nuestra imaginación decidimos lo que Sí o lo que No podemos hacer. Si nosotros CREEMOS y tenemos FE en que vamos a lograr algo, eso ocurrirá. Desgraciadamente, algunas personas piensan o creen en lo que NO pueden hacer o lograr, y lo que ocurre es que efectivamente no lo pueden lograr.

—Pero, Cardenalín, ¿qué significaba el cofre vacío?—, preguntó una vez más el pequeño Periquín.

—El cofre no estaba vacío —respondió Cardenalín—, el cofre contenía la FE y las CREENCIAS que cada uno de nosotros tiene. Cuando yo pensé que estaba vacío, mis ojos me mostraron un cofre vacío. Pero cuando yo pensé que este cofre contenía mi FE y CREENCIAS en mi poder de lograr lo que yo quisiera, entonces el cofre rebosaba y estaba completamente lleno.

—La segunda llave mágica pues —continuó Cardenalín—, es la FE y CREENCIAS que cada uno tiene en lo que se puede lograr. Si quieres lograr algo, amiguito Periquín, debes tener FE y CREENCIAS en que lo vas a lograr. Si esto ocurre, te garantizo que lo lograrás.

Periquín se encontraba muy emocionado pensando en que ya tenía las dos primeras llaves mágicas. Volteó a escuchar a Cardenalín, quien se preparaba para contarle el secreto de la tercera llave mágica.

—Ahora, Periquín, la siguiente llave es igual de importante que las anteriores. En el tercero de los cofres, de color café oscuro, se encontraba un grupo de letras en unas banderas.

Capítulo 1

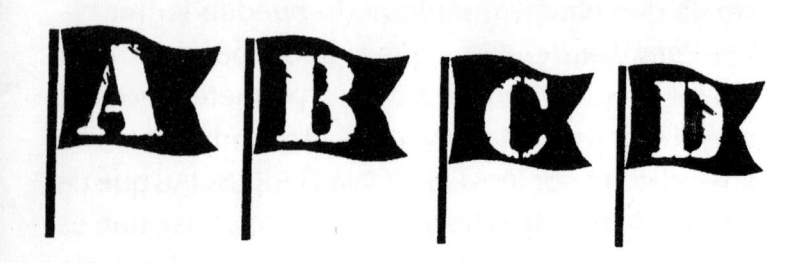

A B C D

—Todas las letras, cada una en una bandera, empezaron a salir del cofre mientras me decían: "¡Cardenalín, Cardenalín, somos el ORDEN, y sin nosotros nada se puede hacer bien!"

—El mago sabio me explicó también diciendo: "Cardenalín, el ORDEN es la tercera llave mágica. Todo aquello que quieras lograr debes también hacerlo usando el ORDEN. Cuando inicies una tarea, el ORDEN te permitirá hacerla más rápidamente, y mejor.

—No entiendo muy bien, Cardenalín, ¿me puedes explicar?, dijo Periquín.

—Claro que sí —le contestó—, te lo explicaré con un ejemplo. Cuando has recibido un juguete que tienes que armar antes de poder jugar con él, puedes hacerlo de dos formas. La primera es siguiendo las instrucciones y utilizando el ORDEN para hacerlo. La segunda forma es haciéndolo sin orden y brincando de unas piezas a otras. Te pregunto, Periquín, ¿con cuál forma te salen mejor las cosas y tus juguetes quedan bien?

—Con la primera —respondió Periquín—, cuando utilizo el ORDEN, todas las piezas se juntan correctamente y el juguete queda bien.

—Exactamente—, dijo Cardenalín—, y ahora amigo mío, ya conoces las tres primeras llaves mágicas: la ALEGRÍA, la FE y CREENCIAS y el ORDEN.

Nuestros amiguitos Cardenalín y Periquín habían estado tan entretenidos platicando sobre los secretos de las 7 llaves mágicas que no se habían dado cuenta de que empezaba a oscurecer.

De repente, el último rayo del sol se ocultó en el bosque, y Cardenalín brincó de su árbol y le gritó a Periquín:

—Periquín, Periquín, ya nos tenemos que ir a casa, nuestros papás deben estar preocupados.

—¡Es cierto! Vámonos, vámonos rápido... Contestó Periquín al mismo tiempo que abría sus alitas y empezaba a volar siguiendo a Cardenalín quien ya se elevaba en el cielo volando rumbo a su casa.

—Mañana te sigo contando la historia de las 7 llaves mágicas, ¡que duermas bien, adiós!

—Hasta mañana, Cardenalín.

Capítulo 1

Al día siguiente, el sonido de unas hojas despertó a Periquín, quien dormía en su casa en uno de los árboles del bosque. Por un momento, Periquín se quedó observando las hojas y lo hermoso que era el bosque donde vivía.

De repente llegó a su mente lo que su amigo Cardenalín le había platicado el día anterior:

—¡Los secretos de las 7 llaves mágicas! —gritó Periquín— tengo que ir a ver a Cardenalín para que me siga contando la historia. ¡Quiero saber cuáles son las otras cuatro llaves mágicas!

Al decir esto, Periquín emprendió raudo el vuelo hacia el árbol donde vivía su amiguito Cardenalín. Mientras iba volando sobre el bosque, sonreía feliz al ver lo maravilloso que era ese lugar. La luz del sol de la mañana iluminaba los árboles que aún tenían el rocío de la mañana. Las pequeñas gotitas de agua brillaban y reflejaban la luz del sol en un arco iris de tonos y colores.

—¡Qué hermoso día! —pensó Periquín— mientras veía abajo en el bosque a todos sus amiguitos empezar a salir de sus casas: el conejillo café y el conejillo blanco, las ardillitas grises, el pequeño osito, los cervatillos, la mamá tortuga guiando a sus hijitos. De igual forma, disfrutaba viendo el azul del cielo y todas las flores de colores que había en el bosque.

—¡Periquín! ¡Periquín!, ¿qué haces? —se escuchó a lo lejos la voz de su amigo Cardenalín, quien venía volando a su encuentro.

—Hola Cardenalín, ¿cómo estás hoy?; iba a buscarte para que me siguieras platicando sobre las 7 llaves mágicas.

—Claro que sí —le contestó Cardenalín—. Yo también iba a buscarte para que jugáramos y platicáramos. ¿Qué te parece si volamos hacia el jardín de flores que se encuentra junto al monte? Ahí podemos seguir platicando.

—¡Vamos, vamos!—, le gritó Periquín.

Y nuestros amiguitos emprendieron el vuelo

Capítulo 1

hacia el hermoso jardín de flores que rodeaba al monte. Al llegar ahí, se posaron sobre un gran rosal que estaba floreciendo con muchos botones de rosas rojas. En este lugar, Cardenalín empezó a hablar sobre su historia de las 7 llaves mágicas.

—Periquín, recordarás que ayer te conté los secretos de las primeras tres llaves mágicas, y cómo cada una de ellas te puede ayudar a conseguir cualquier cosa que desees. Te dije que las 7 llaves han sido usadas por muchas personas que han conseguido riqueza, poder, sabiduría y éxito.

—Recordarás también que te dije que si utilizas estas 7 llaves mágicas te convertirás en un ser muy poderoso, capaz de lograr cualquier cosa en la vida. Sin embargo, te advertí que estas llaves no pueden ser usadas en contra de nadie o en forma mala.

—Yo lo sé, Cardenalín, y quiero saber cuáles son las otras 4 llaves mágicas para aprender a usarlas y luego enseñarlas a todos mis amiguitos y también a todos los niños buenos—, dijo Periquín.

—Bien, entonces continuaré con mi historia. El cuarto cofre, en esta ocasión era un cofre de madera con metal dorado. Antes de abrirlo, el mago sabio me preguntó: "Cardenalín, si este cofre te concediera tres deseos, ¿qué sería lo que le pedirías?"

—"Yo le pediría mucho dinero y riquezas", le contesté al mago sabio. Y luego abrí el cofre y, para mi sorpresa, se encontraba lleno de oro y riquezas. Al ver esto, miré al mago sabio preguntando con mi mirada si esto era realidad.

—El mago sabio me dijo: "Cardenalín, ya tienes oro y riquezas, ¿ahora qué vas a hacer con ellas?"

—"No lo sé", le respondí al mago, "soy muy joven aún y quisiera ser sabio como tú para poder saber qué hacer."

Capítulo 1

—"Cardenalín, la cuarta llave mágica es la SABIDURÍA", me dijo. "El cuarto cofre contiene la SABIDURÍA que te dará la claridad necesaria para que las acciones que tomes cada día sean las correctas."

Al escuchar esto, Periquín se quedó pensativo y, como siempre, con su inocencia y curiosidad le preguntó:

—Cardenalín, ¿quiere esto decir que el oro y las riquezas no son buenas?

—No Periquín, lo que quiere decir es que antes de buscar el oro y las riquezas, debes buscar la SABIDURÍA. Ella te dirá después cómo usar el oro y las riquezas de la mejor forma. La SABIDURÍA es quien te dice cuáles cosas son importantes en tu vida. Te dice cuáles son más importantes que otras. Cuando combinas la ALEGRÍA, la FE y CREENCIAS, el ORDEN y la SABIDURÍA en tu búsqueda de lograr lo que desees, encontrarás que esta búsqueda será exitosa y serás cada vez más poderoso y sabio.

—Ya entiendo —dijo Periquín—. Gracias, Cardenalín. Ahora dime qué encontraste en el quinto cofre.

—El quinto cofre, Periquín, contenía un sol muy brillante.

—¡¿Un sol muy brillante?!, exclamó Periquín, ¡qué bonito!

—Sí, al abrir el cofre, una intensa luz me cegó. Al cerrar los ojos pude sentir sobre mi cuerpo el calor que irradiaba este sol. El mago sabio me preguntó:

—"Cardenalín, ¿sabes ahora cuál es la quinta llave mágica?"

—Yo me quedé pensando por un momento, mientras sentía el calor y la luz sobre mí. Como un rayo, la idea vino a mi mente y dije: "Sí, mago sabio, la quinta llave mágica es la ENERGÍA."

—El mago sabio sonrió, y dijo: "Eso es correcto, Cardenalín, ahora dime ¿por qué la ENERGÍA es la quinta llave mágica?"

Cardenalín fue interrumpido por Periquín, quien emocionado le gritó:

—¡Yo lo sé, Cardenalín!, la ENERGÍA es la quinta llave mágica porque nos permite trabajar en lo que queremos lograr. Mientras más ENERGÍA tengamos en nuestro cuerpo, más podemos esforzarnos y trabajar en lograr lo que queremos.

Capítulo 1

—Efectivamente, Periquín, si tienes poca ENERGÍA será muy difícil que logres lo que quieres en la vida. Si por el contrario cuidas tu cuerpo y vas adquiriendo un alto nivel de ENERGÍA, entonces tu cuerpo te ayudará con el esfuerzo necesario para que logres tu objetivo.

—Pero, Cardenalín, quiero saber ¿cómo adquieres mucha ENERGÍA para poder tener la quinta llave mágica? —preguntó Periquín.

—Cuidando tu cuerpo —respondió—, comiendo cosas buenas para tu organismo, durmiendo bien y haciendo ejercicio. Pero lo importante es hacerlo día por día para que tu nivel de ENERGÍA vaya subiendo y creciendo siempre.

—Gracias Cardenalín, de hoy en adelante voy a empezar a comer bien, a dormir bien, a jugar y hacer ejercicio todos los días.

Cardenalín sonrió, por un momento recorrió con la mirada el hermoso paisaje de flores y rosas que había a su alrededor. Bajando del monte se podía escuchar un riachuelo que regaba y daba humedad a las flores. Por su mente pasaron aquellos momentos de tiempo atrás cuando conoció al mago sabio quien le mostró los 7 cofres que contenían las 7 llaves mágicas.

En los últimos años, Cardenalín había usado

estas 7 llaves mágicas cada día y, a pesar de su corta edad, sobresalía de todos los pajarillos del bosque. Pocos sabían que Cardenalín conocía las 7 llaves mágicas. Había decidido usar este secreto durante un tiempo, y luego contarlo a su amigo Periquín.

—Periquín, durante algunos años he conocido el poder de las 7 llaves mágicas. He podido experimentar, mediante su uso, las grandes recompensas que dan. Ahora que estoy seguro de ello, quiero terminar de contarte los dos últimos secretos. Deseo que utilices estas 7 llaves para tener éxito en tu vida, y para que lo compartas amorosamente con otras personas.

—Sí, Cardenalín, te prometo que usaré con sabiduría este poder de las 7 llaves mágicas. También te prometo que lo usaré para ayudar a todo aquel que lo desee.

—Bien, ahora te digo —interrumpió Cardenalín— que los dos últimos cofres estaban juntos y no se podían abrir por separado. El mago sabio me dijo que tenía que abrirlos simultáneamente. Cuando los abrí, el cofre de la izquierda contenía una hermosa rosa blanca. El cofre de la derecha, una paloma mensajera, también muy bella.

Capítulo 1

Periquín no pudo contener la curiosidad y preguntó:

—¿Por qué los dos cofres se tenían que abrir al mismo tiempo?

Cardenalín le sonrió amorosamente, y le dijo con voz muy cálida:

—Querido amigo, la sexta llave mágica es la AMISTAD, simbolizada por la rosa blanca. La séptima llave mágica es la COMUNICACIÓN, hecha por la palomita mensajera. Las dos llaves deben ser usadas al mismo tiempo.

—¿La AMISTAD y la COMUNICACIÓN?, preguntó Periquín.

—Sí, amigo mío. Piensa por un momento qué sería de nuestra amistad si no nos pudiéramos comunicar constantemente.

—Ya veo —dijo Periquín.

—La AMISTAD y la COMUNICACIÓN son las dos últimas llaves mágicas que te darán el poder de lograr lo que quieras en la vida. Estas dos llaves, junto con las primeras cinco, son las que han sido utilizadas por todos los personajes famosos, ricos y poderosos que han vivido.

Terminando su historia, Cardenalín le dijo con voz grave a su amiguito:

—Periquín, te prometo que si utilizas estas 7 llaves mágicas en tu vida diaria, las recompensas y los éxitos que obtendrás superarán a tu imaginación. Te regalo ahora este pergamino que contiene los nombres de las 7 llaves. Utilízalo con sabiduría y siempre para bien tuyo y de los demás. Qué Dios te bendiga y te proteja hoy y siempre.

LAS SIETE LLAVES MÁGICAS DEL ÉXITO:

* ALEGRÍA
* FE Y CREENCIAS
* ORDEN
* SABIDURÍA
* ENERGÍA
* AMISTAD
* COMUNICACIÓN

Capítulo 2

Los dos huevecillos

Érase una vez, al principio de los tiempos, en el bosque encantado de Cardenalín y Periquín, que hace muchos, muchos, muchos años se encontraban dos huevecillos en un nido.

De estos huevecillos nacieron dos animalitos sin forma ni colores. Al salir de sus huevitos, se pusieron a platicar:

—Qué hermoso lugar, con árboles altos y grandes. —Dijo el primero.

—"A mí no me parece tan bonito —dijo el otro—, nada más veo arbustos y tierra húmeda junto a las raíces de los árboles.

—¿No crees que el cielo es hermoso con ese color azul tan brillante?, le preguntó el primero.

—¿El cielo, cuál cielo? —respondió el segundo animalito—, yo sólo veo las hierbas que hay en el suelo y los huecos oscuros que existen entre los troncos de los árboles.

—¿Cómo es posible que digas eso? —Dijo nuevamente el primer animalito—, en lo alto del bosque se pueden ver muchas flores y a lo lejos se escucha el agua que corre en un río. El bosque y el mundo son grandes, grandes, grandes. Yo quiero recorrerlo y ver todo desde muy alto.

—¡Estás loco! —dijo el segundo animalito—, para qué quieres subir tan alto, te puedes caer. Es mucho mejor estar aquí abajo, en la tierra. Aparte, yo no veo nada hermoso, como te dije, sólo veo matorrales, arbustos, raíces y troncos secos, piedras en el camino, lodo y humedad.

Con el paso de los días, la manera diferente de ver las cosas entre los dos animalitos fue cada vez mayor.

Al cabo de dos semanas, el primer animalito desarrolló un plumaje fuerte y hermoso, unas alas grandes y una vista excelente. Un buen día levantó las alas y se alejó volando, volando. Era un águila.

El segundo animalito se quedó solo. Tenía flojera de salir de su nido y, en lugar de caminar, empezó a arrastrarse lentamente. Seguía pensando que el mundo era feo, lleno de ramas, arbustos, lodo y piedras. Con el paso de los días se convirtió en una serpiente.

—Y tú, ¿cuál animalito quieres ser?...

Capítulo 3

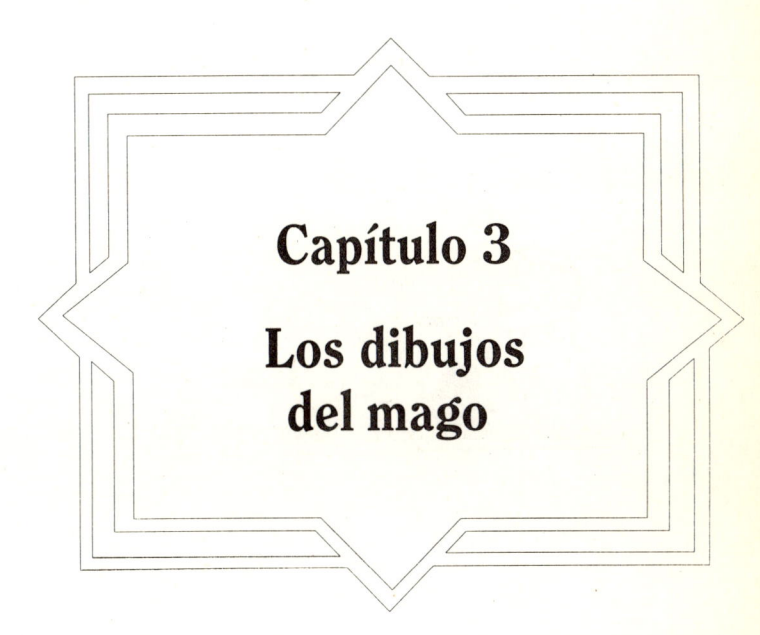

Los dibujos del mago

¿Recuerdas al joven rey Antonio? Ese joven pero poderoso rey que vivía en un hermoso castillo en la cima de una colina. Desde ese lugar el rey Antonio podía subir a la torre del castillo y observar el bello paisaje que le mostraba su reino.

Al norte del castillo se veían los montes nevados que eran una pequeña cordillera que tenía colores increíbles según la temporada del año. En los meses de otoño la parte inferior se veía de un color dorado debido al tono amarillo de las hojas de los árboles de maple. En los meses invernales, esta cordillera se teñía de blanco y resplandecía con el sol.

El rey Antonio disfrutaba mucho esta vista.

Hacia el lado sur del castillo y bajando la colina, se podía ver la aldea donde todos los súbditos del rey vivían y trabajaban. Fue en esta aldea donde el rey aprendió de niño el poder de su cuerpo.

Capítulo 3

Te contaré la historia.

Cuando el rey Antonio tenía 7 años, le gustaba mucho bajar a la aldea a jugar con los otros niños. En una de las ocasiones en que el príncipe Antonio (aún no se convertía en rey) salía del castillo rumbo a la aldea, se encontró en la parte inferior de la colina con una pequeña rana.

—¡Príncipe Antonio, príncipe Antonio! —Escuchó el joven príncipe cuando daba la vuelta a un árbol.

—¿Qué pasa? ¿Quién me está gritando? —Dijo Antonio

—Yo soy la que está gritando. —Dijo la pequeña ranita que se encontraba en un arbusto de hojas secas.

—¿Dónde estás?— dijo antonio— No te puedo ver.

—Aquí abajo, estoy atorada con mis patitas en estas ramas. Ayúdame por favor. —Le gritó la ranita.

El pequeño príncipe tenía un buen corazón. Al voltear su mirada hacia el arbusto seco pudo ver que la ranita tenía sus pequeñas patas atoradas.

—No te preocupes, pequeña ranita, yo te ayudaré a salir de ahí—, le dijo Antonio acercándose a ella.

Antonio tomó suavemente entre sus manos a la ranita y poco a poco fue quitando las ramas y hojas secas que la tenían prisionera. Cuando terminó, la depositó sobre una roca y le dijo:

—Pequeña ranita, ya estás libre. Ten cuidado y no te vuelvas a enredar en los arbustos de esa manera. La próxima vez a lo mejor no pasa nadie por aquí que te pueda ayudar.

—Gracias, príncipe Antonio. —Dijo la ranita—, eres una persona de buen corazón y llegarás a ser un gran rey. Quisiera agradecerte tu ayuda regalándote estos dibujos. Al decir esto, la pequeña rana le entregó unos papeles enrollados y amarrados con un listón azul.

—¿Qué es esto, ranita? Gracias por tu regalo. —Dijo Antonio.

—Estos rollos contienen los Dibujos del poder mágico. —Dijo la rana.

—¿Los Dibujos del poder mágico? ¿Qué es eso, ranita? —preguntó el joven príncipe con una cara llena de curiosidad.

—¡Antonio! —le gritó la ranita—, los Dibujos del poder mágico son los que te muestran el poder de tu cuerpo.

—No entiendo nada. —Dijo Antonio, alejándose de la ranita rumbo a la aldea. —No me tienes que regalar nada, amiga ranita, guarda tus rollos y dibujos.

Y dicho esto, el príncipe Antonio se alejó de la ranita rumbo a la aldea.

En la aldea, Antonio estuvo jugando con varios de sus amiguitos durante dos horas. De repente se quedó quieto observando a una pequeña niña de 6 años que no participaba del juego.

Antonio se le quedó viendo. La pequeña niña se encontraba sentada en un banquillo, con la mirada hacia abajo y los brazo cruzados. Al acercarse más a ella, Antonio pudo ver que tenía una expresión de enojo. Las cejas levantadas y la boca ligeramente torcida.

—¿Qué te pasa, amiguita, por qué estás de mal humor? —le preguntó.

La pequeña niña volteó la mirada hacia Antonio sin cambiar su postura y le respondió:

—No lo sé.

—¿Por qué no juegas con los demás niños y te pones contenta? —preguntó nuevamente Antonio.

—No tengo ganas ahora. — Le dijo la niña.

Antonio se alejó de la niña pensativo. En el camino de regreso al castillo, iba pensando en la pequeña niña. Antonio hubiera querido ayudarla. No le gustaba que la niña estuviera de mal humor.

¿Cómo podría ayudar a la niña a dejar de estar de mal humor? —Iba pensando en voz alta el príncipe, cuando de repente escuchó una voz que le respondía a su propia pregunta:

—¡Con los Dibujos del poder mágico, ya te lo dije!

Antonio brincó del susto, ya que no sabía que la ranita se encontraba a un lado de él en el camino.

¡Hola ranita! Me asustaste. —Dijo Antonio.

Antonio iba a seguir su camino cuando a su mente cayó como un ladrillo lo que la ranita le había dicho de los Dibujos del poder mágico.

—¡Ranita! ¿Qué quieres decir con que los Dibujos del poder mágico podrían ayudar a la niña a no estar de mal humor? —Preguntó Antonio con la cara llena de curiosidad.

—Mira los rollos que te regalé. --Le respondió la

Capítulo 3

ranita al mismo tiempo que le entregaba nuevamente los rollos de dibujos amarrados con el listón azul.

Antonio tomó los rollos y, con las manos llenas de ansiedad, desamarró los rollos y se puso a observarlos.

En cada uno de ellos se podía ver el dibujo de una pequeña niña, casi idéntica a la niña de la aldea, con diferentes expresiones en su cara y cuerpo. En la parte inferior de cada rollo había una leyenda que describía lo que la postura en el dibujo significaba.

En el tercer rollo que Antonio vio se encontraba un dibujo de la niña con la mirada baja, las cejas levantadas y juntas, la boca torcida y los brazos cruzados. La leyenda en la parte inferior del dibujo decía "MAL HUMOR".

Antonio volteó a ver a la ranita diciendo:

—¿Cómo obtuviste este dibujo?, es la niña que acabo de ver en la aldea.

—Sigue viendo. —Le respondió la ranita.

Antonio continuó viendo los demás rollos. En el siguiente se veía a la pequeña niña de pie con la boca sonriente, los ojos abiertos y la cara levantada hacia adelante. En sus manos parecía tener algo, ya que las tenía juntas como sosteniendo una hoja pequeña. La leyenda decía "CONTENTA".

Capítulo 3

En esos momentos, Antonio escuchó un fuerte ruido y una como explosión que dejó mucho humo enfrente de él. De la nube de humo salió un mago que le dijo con voz suave y amigable:

—Antonio, no soy una ranita, soy el Mago de la bondad, y como premio a tu buen corazón te estoy regalando estos Dibujos del poder mágico. Cuando hayas aprendido cada uno de estos dibujos, obtendrás el Poder de tu cuerpo.

Antonio no salía de su asombro al ver al mago. Sin embargo, el niño príncipe era muy inteligente, y en su pequeña cabecita penetró como un rayo de luz de sol la respuesta a su propia pregunta.

—El Poder de mi cuerpo está en las posturas que yo tenga. ¿No es así, Mago de la bondad?

—Así es, Antonio. —Le respondió el Mago—. La forma más rápida de quitar el mal humor que se ha apoderado de la niña de la aldea es cambiando su postura. Si vas con ella y logras que cambie su postura y su estado físico, en forma inmediata su estado mental cambiará. Una vez dicho esto, el Mago de la bondad desapareció.

Durante los siguientes meses y años, Antonio estuvo jugando y practicando con su cuerpo los Dibujos del poder mágico. De esa forma aprendió que si quería sentirse contento, sólo tenía que adoptar la postura "CONTENTO". Si por otro lado quería sentirse tranquilo y calmado, con adoptar la postura "CALMADO" la sensación llegaba inmediatamente a su ser.

Capítulo 3

Una vez que Antonio hubo dominado los Dibujos del poder mágico, y por lo tanto el Poder de su cuerpo, empezó a utilizar este poder para ayudar a otras personas, como la pequeña niña de la aldea.

Los dibujos del mago

Pequeños, amiguitos y amiguitas, los invito a que juguemos con los Dibujos del poder mágico que se encuentran en este libro. Adoptemos cada una de estas posturas y veamos quién lo hace mejor. Recuerden que deben copiar toda la postura perfectamente, tanto en el cuerpo como en la cara.

Ustedes sentirán, cuando hayan copiado una postura correctamente, que el estado mental que se menciona en la leyenda de la postura es el que ustedes sienten en ese momento.

Cuando hayan practicado este juego muchas veces, ustedes también tendrán El Poder de su cuerpo.

Capítulo 3

Utilicen este poder para sentirse contentos y felices, fuertes y poderosos, tranquilos y bondadosos, cada vez que lo necesiten o que ustedes quieran.

Y si alguien les pregunta cómo obtuvieron este poder, digan que el Mago de la bondad se los regaló.

Capítulo 4

El poder de la imaginación

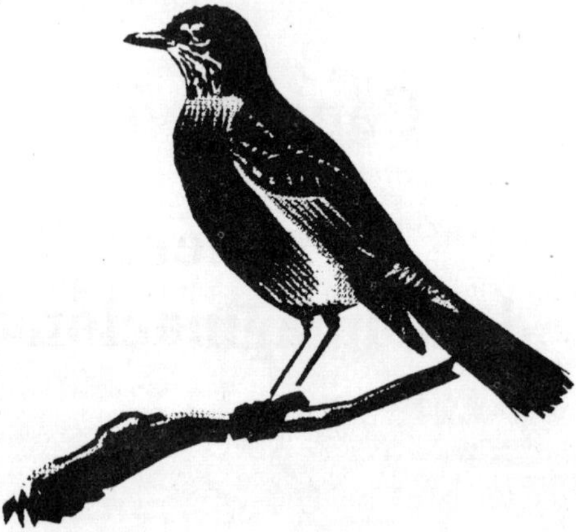

Una hermosa mañana, al amanecer y entrar el sol radiante por la ventana del cuarto de Cardenalín, se escucharon los gritos cada vez más cercanos del pequeño Periquín...

—¡Cardenalín, Cardenalín!

Cardenalín parecía dormir profundamente y no mostrar síntomas de despertar a pesar de los gritos cada vez más fuertes de Periquín . . .

—¡Cardenalín, Cardenalín! Despierta, ¿dónde estás?

Finalmente, Periquín llegó a posarse en la ventana del cuarto de Cardenalín y, al insistir una tercera vez, logró despertar a su amigo.

—¿Qué pasa? ¿Dónde estoy? ¿Quién me llama?

El pobre Cardenalín apenas empezaba a abrir sus ojitos y pudo ver la forma y figura de su entrañable amiguito Periquín dibujada en la ventana de su cuarto.

Capítulo 4

—¡Oh! ¡Eres tú, Periquín! ¿Qué pasa? ¿Por qué me despiertas con esos gritos?

—Es que ya es de mañana, Cardenalín, y quise venir a saludarte.

Al escuchar este comentario de su pequeño amigo, Cardenalín sonrió y le dijo:

—Gracias Periquín, estaba durmiendo profundamente porque tenía un sueño muy hermoso.

—¿Qué estabas soñando, Cardenalín? —Preguntó el inquieto Periquín— ¿Me contarías tu sueño?

—¡Claro que sí! Te lo voy a contar porque es muy bonito y porque además me ha enseñado algo importante. —Dijo Cardenalín.

—Tú siempre aprendes cosas muy interesantes —recalcó Periquín—, y me gusta mucho que me cuentes porque me enseñas todo lo que aprendes.

—Para eso somos amigos, Periquín. Con este sueño he aprendido que es muy importante el ser perseverantes y tener fe en nuestros deseos y sueños. —Dijo Cardenalín.

—Sí, Cardenalín, ya me lo has dicho otras veces.

—Pero lo que no te he dicho aún, que acabo de aprender con este sueño —dijo Cardenalín—, es que igualmente importante que la perseverancia y la fe, es el usar nuestra imaginación con todas nuestras fuerzas para ver en nuestras mentes las cosas que deseamos lograr.

—¿A qué te refieres, Cardenalín?— Preguntó el pequeño periquito verde a su amigo, mostrando el ceño fruncido en un gesto de duda.

—Deja que te cuente mi sueño y lo vas a entender.

Y de esta forma, nuestro amiguito Cardenalín empezó a relatar su sueño al buen Periquín, quien lo escuchó atentamente:

"En un país muy lejano, en donde los árboles se llenaban de flores de color de rosa durante la primavera, y en donde reinaba el orden, vivían dos amiguitos, Gabuki y Jashiri, que gozaban pasando largas horas platicando y jugando."

Capítulo 4

"Un día, al estar desayunando para salir a la escuela, Jashiri sintió un terrible movimiento seguido de un ruido espantoso. Sí, en efecto, era otro terremoto."

—¡Marisi, corran rápido. Es un terremoto! Gritó Mikako, el padre de Jashiri.

La mesa del desayunador que hacía algunos minutos lucía preciosa, decorada con el colorido del rico desayuno que estaba por comerse Jashiri, se movía de un lado a otro. Todo el desayuno había caído al piso. Las paredes se torcían y crujían como si fueran de cartón.

Unos minutos después de que Jashiri y sus papás salieron de la casa, ésta se derrumbó.

—¡Papá! ¡Nuestra casa! Gritó Jashiri al ver que la casa en la que vivió desde que nació, en la que festejó varios cumpleaños, había desaparecido bajo un estruendo ensordecedor y una nube de polvo.

Mikako abrazó a Marisi y a Jashiri fuertemente. La impresión lo había dejado sin habla. Se daba cuenta de que su casa y su negocio que estaban pegados uno del otro habían desaparecido.

Todo era confusión, los vecinos corrían para ayudarse unos a otros. Definitivamente, los más dañados habían sido Jashiri y sus papás.

Capítulo 4

Gabuki, quien vivía en una casa cercana, salió corriendo para ver cómo estaba Jashiri. Al ver su casa derrumbada corrió a abrazarlo.

—Jashiri, no te preocupes, yo sé que vas a tener una casa más bonita que la que tenías, y mis papás y yo los ayudaremos.

Unas horas después del terremoto, los vecinos les seguían ayudando a sacar sus cosas de los escombros.

Mikako llamó a su esposa y al pequeño Jashiri y les dijo:

—¿Ven que acabamos de perder nuestro techo y el negocio con el que pude mantenerlos por muchos años? Pues bien, con la ayuda de ustedes dos haremos todo lo que sea necesario para lograr construir una casa mucho más bonita que la que teníamos.

Mientras decía esto el papá de Jashiri, los tres miraban los escombros de lo que antes había sido su casa.

—Quiero que cierren los ojos y se imaginen nuestra nueva casa. Una casa muy grande pintada de color blanco situada en medio de un hermoso jardín lleno de árboles.

—Papá, ¿ahora sí podré tener el perrito que tanto he querido?

—¡Claro!, ya que ahora tendrá lugar en dónde correr. También he pensado que junto a nuestra casa podemos tener el negocio con el que siempre hemos soñado... ¡Un restaurante!

—¡Por fin voy a poder ayudarte en tu trabajo, dijo la mamá de Jashiri. Yo cocinaré todas esas recetas que me enseñó mamá. ¡Será todo un éxito!

—Sí, imagínense a mi papá con un gorro de cocinero asando la carne, y a mí ¡tomando las órdenes!

Jashiri tomó la mano de su mamá y le dijo:

—Mami, yo no entiendo por qué pasó esto, pero sé que vamos a salir adelante.

Una vez que hicieron esta reflexión, a modo de recuperar la esperanza y alejarse de su temor, terminaron de rescatar lo más posible de aquellas ruinas, y se fueron a vivir a casa de sus vecinos, quienes los recibieron con los brazos abiertos.

Ya instalados, Marisi y Mikako se sentían muy contentos de saber que había mucha gente buena que los quería ayudar.

Gabuki estaba feliz por que él y su amiguito Jashiri vivirían juntos durante una temporada como si fueran hermanos. El trabajo duro y tenaz de Mikako dio frutos tal y como él lo había prometido. Cinco años después, la lujosa casa ya estaba terminada, y el restaurante marchaba de maravilla.

Capítulo 4

Gabuki, asombrado, dijo cierto día a su amigo Jashiri:

—Estoy impresionado de ver la forma en que tu papá pudo volver a levantar del polvo todo esto que ahora tienen.

—Mira Gabuki, todo esto se lo debemos a tu familia que nos ayudó a levantarnos, y mira lo que son las cosas, ahora tu papá y mi papá son socios del restaurante.

...—Pero, ¿quieres que te diga una cosa? Mi papá ha estada tan ocupado recuperando lo que perdimos que ahora siento que ya no es como antes, cuando tenía tiempo de sentarse a platicar y jugar conmigo.

Gabuki lo miró con tristeza; él pensaba que al tener Jashiri una casa más grande ahora, lo haría más feliz que antes.

—Jashiri, habla con tu papá y dile que si ya logró tener más de lo que antes tenía, que ahora se proponga dedicarles más tiempo y gozar de lo que ahora tienen.

—Tienes razón, amigo, a mí no me agrada tener cosas materiales y perder algo tan importante como la unión familiar.

De esta forma, Jashiri habló con su papá, logrando que Mikako reaccionara y cambiara de rumbo sus acciones.

—Hijo —le dijo Mikako a Jashiri—, me has abierto los ojos. Me fijé una meta que era la de recuperar lo que habíamos perdido, y lo logré. Ahora, mi próxima meta será, porque así lo veo en mi mente, hacerlos más felices, dedicándoles más tiempo a ti y a tu madre.

La mamá de Jashiri, escuchando las palabras de su esposo, se unió a la conversación.

—Yo creo que lo que pasó con lo del derrumbe fue para probarnos a todos que podíamos salir adelante. El fracaso no existe cuando se tiene en mente lo que uno quiere lograr y cuando se cuenta con la ayuda de amigos.

—Sí, creo que si mi papá no se hubiera imaginado nuestra casa nueva, de ese montón de escombros, posiblemente ahora seguiríamos sufriendo por haberla perdido.

—Yo estoy orgullosa de tu padre —contestó Marisi—, pues además de ser una persona con un alto sentido de la responsabilidad, supo transmitirnos sus pensamientos para que también nosotros nos imagináramos triunfadores.

Mikako, con una sonrisa en los labios, abrazó a su esposa e hijo.

—No sé de qué manera llegó a mí la idea de superar el problema, mas lo importante es que la tuve y sabía que teníamos que vencer muchas dificultades; pero al final, el resultado salta a la vista; ahora tenemos más de lo que pudimos imaginar.

—Es increíble pensar que nuestro restaurante nos permita estar juntos y que disfrutemos el trabajar. Para mí, el trabajo ahora es un juego en el que diariamente participamos los tres

Jashiri recordó que la ayuda de Gabuki y de sus papás había sido muy valiosa para que su padre se hubiera recuperado.

...—No olvidemos que si no hubiera sido por la ayuda de nuestros buenos amigos, habría sido difícil salir adelante —comentó Jashiri—. Esto nos mostró que siempre hay gente buena que sabe ayudar.

Jashiri se sentía muy orgulloso de ser parte de esa hermosa familia, la cual ahora se mantenía más unida que antes.

—Papi, fue muy importante que en aquel momento supiéramos lo que queríamos, y que hayamos hecho lo necesario para lograrlo. También el que hayas trabajado tanto y el contar con nuestro apoyo y comprensión. Pero al final, también fue importante que hayas cambiado de rumbo al concentrarte tanto en tu trabajo y que te hayas dado cuenta de que también es importante compartir más momentos juntos y pensar qué más metas queremos lograr. ¡Al fin que ya sabemos que si nos lo proponemos lo podemos lograr!

"Los tres se abrazaron y con lágrimas en los ojos le dieron gracias a Dios, y se propusieron compartir con aquellos que nada tienen algo de lo que ahora a ellos les sobraba."

—Y colorín colorado... —empezó a decir Cardenalín.

—Este cuento se ha acabado— completó la frase Periquín.

—Espero que este sueño te haya gustado tanto como a mí, Periquín, y que hayas aprendido el poder de tu imaginación para ver en tu mente todas las cosas bonitas que puedes lograr si te lo propones. —Dijo Cardenalín con voz seria.

—¡Sí! Cardenalín, lo he aprendido. —Terminó Periquín.

Capítulo 5

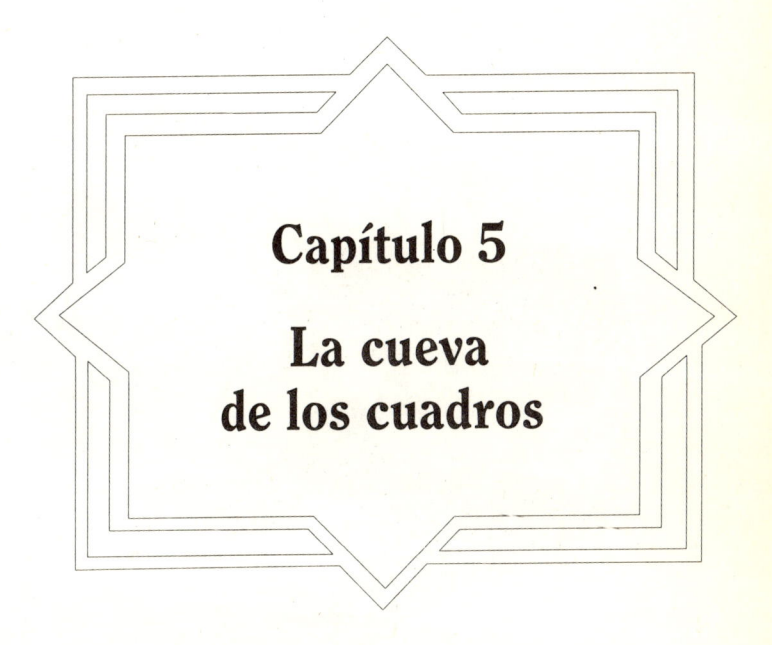

La cueva de los cuadros

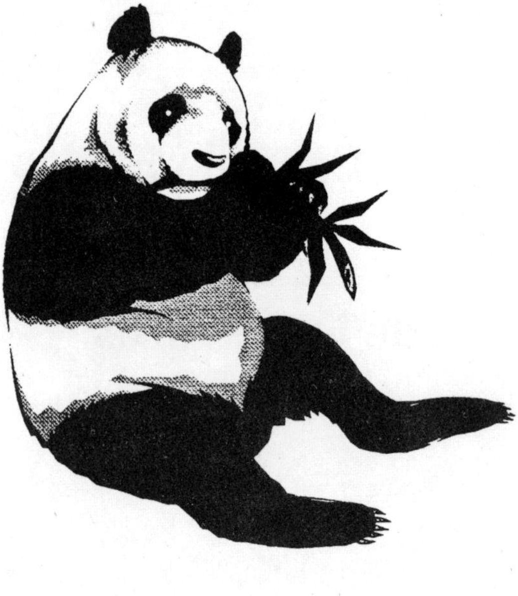

Una hermosa mañana, en el Bosque encantado, se encontraba Cardenalín volando en busca de sus amiguitos.

En el momento en que Cardenalín iba cruzando sobre el jardín de flores del bosque, pudo ver que abajo se encontraban un grupo de animalitos platicando y brincando emocionados.

Cardenalín bajó hacia ellos y, al verlos tan contentos, les preguntó:

—Hola amiguitos, soy Cardenalín, ¿qué están haciendo?

—Hola Cardenalín, somos los ositos felices, y hoy estamos muy contentos porque hemos encontrado en esta cueva muchas cosas bonitas. —Le respondió a Cardenalín el mayor de los ositos, que se llamaba Pardito.

—¿Puedo ver lo que encontraron? —Le preguntó Cardenalín a Pardito.

—Claro que sí, mira.

Capítulo 5

Con una cara de alegría, Pardito y los demás ositos llevaron a Cardenalín al interior de la cueva, donde se encontraba un grupo de objetos y muchas cosas bonitas.

¡Oh! Cuántas cosas bonitas. —Exclamó Cardenalín.

—Sí —dijo Pardito— pero lo que más nos gusta son todos estos objetos cuadrados pintados de muchos colores. Se parecen a los marcos de los cuadros y pinturas, pero están vacíos. ¡Mira, no tienen nada!

Cardenalín se acercó a Pardito y pudo ver un montón de marcos de diferentes colores.

Había muchos y muy variados marcos. Los colores de ellos iban desde un intenso rojo, un brillante dorado, hasta un hermoso azul celeste. Sin embargo, lo que más le llamó la atención a nuestro amigo Cardenalín fue el hecho de que todos los marcos sin excepción estaban absolutamente vacíos. No contenían ningún dibujo o imagen, eran únicamente los marcos vacíos de un cuadro!

—¡Amigo Pardito! —gritó Cardenalín—, ¿ya te fijaste que los marcos están vacíos?

—Sí, Cardenalín. Así son a propósito. —Dijo Pardito.

—¿Por qué amigo, dime? —Inquirió nuevamente nuestro curioso amigo Cardenalín.

El oso Pardito sonrió con una pícara expresión en su rostro mientras mordisqueaba una rama de bambú.

—Nosotros, los ositos del bosque, hemos inventado un juego muy divertido con estos marcos de colores, Cardenalín.

—¿Me dejarían jugar con ustedes este juego que inventaron? —Preguntó lleno de esperanza Cardenalín, ya que a él le encantaban todo tipo de juegos.

—¡Claro que sí! —Gritaron casi al unísono todos los ositos.

A continuación, el oso Pardito procedió a explicarle pacientemente a nuestro amiguito Cardenalín las reglas de este **juego de los marcos**.

Capítulo 5

—Pon atención, Cardenalín —dijo Pardito—, cada color en los marcos tiene un significado diferente.

—¿Qué quiere decir el color verde? —Dime, Pardito.

—El color verde representa la esperanza, y nosotros utilizamos el marco verde para ver aquellas situaciones difíciles cuando tenemos problemas que parecen imposibles de resolver.

—¿Y el color azul? ¿Qué quiere decir el azul? —Preguntó Cardenalín.

—El marco de color azul lo utilizamos en situaciones de impaciencia y desesperación. Cuando una situación parece ser muy urgente y los animalitos se ponen nerviosos e inquietos, entonces usamos este marco para que vean la situación diferente y se tranquilicen.

Mientras nuestro amigo Cardenalín observaba a Pardito y a los diferentes marcos de colores que éste tomaba en sus manos para explicar, uno de los ositos más pequeños interrumpió gritando:

—¡Pardito! ¡Platica ahora del marco dorado brillante! —Al escuchar esto, Pardito habló sobre este marco diciendo:

—Este marco dorado, Cardenalín, representa la luz y el brillo. Lo utilizamos para ver a través de él aquellas situaciones tristes y opacas.

En este momento del relato, Cardenalín ya no pudo resistir más, y le dijo al osito Pardito:

—Pero Pardito, aún no me has dicho cómo jugar. Yo ya quiero jugar con ustedes el **juego de los marcos**.

—No seas impaciente, Cardenalín, ya casi termino de explicarte. Ahora escucha. Para jugar con nosotros lo primero que tienes que hacer es buscar situaciones difíciles o con problemas. Cuando las encuentras, tienes que venir corriendo a escoger el marco adecuado para llevártelo. Regresas con el marco a la situación o problema que encontraste y lo ves a través del marco. Luego tienes que describir a todos nosotros cómo ha cambiado la situación o el problema ahora que lo ves usando este marco.

Capítulo 5

El osito pequeño nuevamente interrumpió gritando.

—¡Es muy divertido, Cardenalín!, el primero de nosotros que encuentre un problema y lo solucione con el marco correcto, es el que gana el juego.

—Ya entendí —dijo Cardenalín—, ahora juguemos.

—Bien —dijo Pardito—, a la de tres empezamos a jugar, ¡uno, dos, tres!

Al decir esto, Pardito y los demás ositos salieron corriendo de la cueva, tan rápido, que Cardenalín se quedó sorprendido por unos segundos.

Recuperándose, Cardenalín emprendió el vuelo mientras pensaba en las reglas del juego que estaba empezando a jugar.

—Lo primero que tengo que hacer es encontrar una situación difícil o problemática. —Se dijo a sí mismo.

Mientras Cardenalín volaba sobre el bosque en busca de una situación difícil o problemática, iba pensando en cómo funcionarían los marcos de colores.

De repente, al sobrevolar una zona llena de árboles frutales, Cardenalín vio a un pequeño chimpancé que se encontraba sentado observando lo que parecía ser un árbol de frutas al otro lado de un gran río.

Cardenalín volvió a sobrevolar la zona para poder observar mejor al pequeño chimpancé. Efectivamente, éste se encontraba sentado mirando fijamente unas frutas que colgaban del árbol.

Cardenalín decidió bajar a platicar con el pequeño mono para entender por qué parecía tan preocupado.

—Amigo changuito, me llamo Cardenalín, y te veo muy preocupado. ¿Por qué observas fijamente ese árbol?

—Estoy observando la fruta que cuelga del árbol, tengo mucha hambre, pero no sé cómo tomar la fruta, Cardenalín. —Dijo el changuito.

—Cuál es el problema, amigo. —Preguntó Cardenalín.

—¿No lo ves? El árbol se encuentra del otro lado del río, y no lo puedo cruzar para poder subirme a él y tomar la fruta. Ya estoy desesperado y he decidido irme de aquí a buscar en otros árboles. —Respondió el chimpancé.

—Pero amigo changuito —dijo Cardenalín—, yo he estado volando y no hay muchos árboles con fruta por este lado del bosque.

—Ya lo sé —respondió el pequeño mono— estoy muy cansado de tanto viajar, pero de nada me sirve quedarme aquí, voy a buscar otros árboles aunque tenga que viajar dos semanas más.

Al escuchar esto, Cardenalín pensó que había encontrado una situación con un verdadero problema y decidió regresar rápidamente a la Cueva de los cuadros a buscar el marco adecuado para ver la solución del problema.

—Espera un momento, amigo Changuito, regreso en cinco minutos, no te vayas.

Y dicho lo anterior, Cardenalín emprendió el vuelo de regreso a la Cueva de los cuadros. Una vez que llegó ahí, se puso a observar para escoger el "marco correcto" para la solución al problema.

Mientras pensaba, Cardenalín recordó la impaciencia que mostraba la cara de su amigo el changuito, y la respuesta vino a su mente:

—¡Por supuesto! Debo llevar el marco azul para que mi amiguito pueda ver la situación con mayor paciencia y encuentre la solución.

Nuestro amigo Cardenalín tomó el marco azul de la paciencia, y regresó volando nuevamente hasta el lugar donde se encontraba el pequeño chimpancé.

—¡Changuito! Ya regresé y traigo conmigo este marco mágico para que a través de él veas la situación de forma diferente y le encuentres una solución al problema.

—Gracias Cardenalín, veamos los dos a través del marco mágico...

Cuán grande fue la sorpresa de ambos cuando al ver a través del marco pudieron observar la imagen del pequeño chimpancé recostado a la sombra del árbol de frutas descansando y dormitando...

Capítulo 5

Mientras el changuito descansaba, las frutas del árbol maduraron y por su propio peso empezaron a colgarse cada vez más de las ramas hasta que estuvieron al alcance del pequeño chimpancé.

—¡Oh!, gritaron al unísono nuestros amiguitos Cardenalín y changuito.

Ambos habían comprendido que la impaciencia y la desesperación son malos consejeros. El marco mágico de color azul les había mostrado que con el uso de la paciencia, el changuito podría descansar mientras la fruta maduraba y estaba lista para que él la pudiera tomar y comer.

Cardenalín tomó el marco azul, y emprendió el vuelo de regreso a la Cueva de los cuadros mientras se despedía del pequeño chimpancé.

—Adiós changuito, recuerda utilizar el marco azul de la paciencia cuando te encuentres en problemas y lleno de desesperación. —Gritó Cardenalín.

—Adiós Cardenalín, gracias por ayudarme.

En el trayecto de regreso a la cueva, Cardenalín escuchó a una pequeña oruga que lloraba desconsoladamente.

—¿Qué te pasa, amiguita oruga?, ¿por qué lloras? —preguntó Cardenalín.

—Estoy llorando porque soy muy fea —respondió la oruga—, he tratado sin ninguna esperanza de verme mejor, pero no puedo. Todos me dicen que soy muy fea, y tienen razón.

Al escuchar esto, Cardenalín sintió profunda pena por la pequeña oruga que había perdido toda esperanza.

Cardenalín quería ayudar a la oruga, pero recordó que tenía que llevar el cuadro azul a la cueva y volteó a recogerlo.

—¡Oh!, ¿qué pasó aquí? —gritó Cardenalín con gran sorpresa al darse cuenta que el cuadro había cambiado de color y ya no era azul, sino verde.

—¿Cómo se cambió de color? —Pensó Cardenalín.

De pronto, Cardenalín recordó su deseo de ayudar a la oruga justo antes de que el cuadro cambiara de color azul a color verde.

—¡Eso es! ¡Eso es! —gritó Cardenalín entendiendo lo que había ocurrido—. Ahora necesito un marco verde para poder darle "esperanza" a la pequeña oruga.

Tomando el cuadro verde, Cardenalín se acercó a la oruga y le dijo:

—Amiga oruga, corre y mira cómo se ve tu problema a través del Marco verde de la esperanza, ponte muy contenta, serás una bella mariposa.

Efectivamente, cuando la pequeña oruga miró a través del Marco verde se sorprendió tremendamente y de igual forma se alegró al ver que su forma de oruga se transformaba en la de una bella mariposa de alas multicolores.

—Gracias, Cardenalín, he aprendido a ver las cosas de forma diferente, y a tener esperanza y paciencia. —Dijo la pequeña oruga con agradecimiento.

—De nada, amiguita, volveré a visitarte cuando seas una bella mariposa para que volemos los dos juntos por el cielo. ¡Hasta pronto! —gritó Cardenalín mientras tomaba con sus patitas el marco verde y emprendía el vuelo de regreso a la Cueva de los cuadros.

A lo lejos se vio el monte que ocultaba la Cueva, y Cardenalín se alegró de estar tan cerca ya que quería platicarle a sus amiguitos, los ositos, sobre los dos problemas que había podido resolver utilizando los Marcos azul y verde.

Cuando Cardenalín iba descendiendo a pocos metros de la Cueva de los cuadros, algo lo detuvo:

Un pequeño animalito se encontraba llorando desconsolado y con la cara y la mirada hacia abajo. El pobre Mapachín se veía totalmente caído y derrotado. Cardenalín no pudo resistir la tentación de ir a preguntarle qué le ocurría. Recuerden amiguitos que Cardenalín tenía un gran corazón y siempre deseaba ayudar a los demás.

—Amigo Mapachín, ¿Qué te ocurre? ¿Por qué estás tan triste? —Preguntó Cardenalín.

El pobrecito mapache estaba tan triste que no podía ni contestarle a Cardenalín, por lo que nuestro amiguito le volvió a preguntar:

—Mapachín, Mapachín, ¿Por favor, dime qué te pasa? Quiero ayudarte.

—Perdóname, Cardenalín, me encuentro muy muy pero muy triste porque he perdido todo, todo. —Respondió el pequeño mapache.

—¿Qué quieres decir, Mapachín? —volvió a preguntar Cardenalín.

—Lo que te dije, Cardenalín, que he perdido todo. Te voy a platicar mi triste historia:

Al escuchar esto, Cardenalín puso toda su atención para oír al pequeño Mapachín, ya que sentía mucha curiosidad por saber qué le había ocurrido.

Capítulo 5

—Fíjate, Cardenalín, que esta mañana iba camino al mercado a comprar comida y unas cosas que necesitamos en nuestra casa cuando de repente unos cazadores que habían entrado al Bosque encantado me vieron.

—¿Y qué pasó? —Preguntó Cardenalín.

—Pues resulta que cuando los cazadores me vieron, empezaron a dispararme con sus rifles, y los perros de caza que iban con ellos me empezaron a perseguir y a perseguir. Yo pensé que me iban a matar.

—¿Te lastimaron, Mapachín?

—No, Cardenalín, tuve que correr mucho, pero finalmente me pude escapar. El problema fue que perdí todo mi dinero y las cosas que llevaba conmigo. Como puedes ver, estoy muy triste porque he perdido todo, todo.

Al escuchar esta última frase, Cardenalín tomó el marco que llevaba y nuevamente fue sorprendido al ver que había cambiado de color una vez más. El marco que anteriormente había sido de color verde, ahora resplandecía con un color dorado.

Inmediatamente, Cardenalín tomó el Marco dorado y vio a su amigo Mapachín, a través de él, lleno de curiosidad por ver algo diferente. En esta ocasión, lo que Cardenalín vio a través del Marco dorado fue precisamente la imagen de su amiguito Mapachín, sin ningún cambio. Esto confundió por un momento a nuestro amiguito Cardenalín.

Tomando nuevamente el Marco dorado, Cardenalín volvió a ver a su amiguito a través de él. De nueva cuenta lo único que vio fue la imagen del pequeño Mapachín sin ningún cambio. En esta ocasión la respuesta llegó a la mente de nuestro amiguito.

—Mapachín, Mapachín, este Marco dorado se usa para ver situaciones tristes y opacas, en las cuales todo parece perdido, como en tu caso.

—¿Y no es cierto, Cardenalín?, lo he perdido todo. ¿Dime qué te muestra ese Marco mágico?

—El Marco dorado me muestra que no has perdido todo como crees. Tienes salud, estás sano, no fuiste herido por los perros de caza, ni fuiste herido por los rifles de los cazadores. Tienes a tus papás que te quieren mucho, igual que tus hermanitos. ¡Tienes muchas cosas, Mapachín!

Cardenalín le mostró a su amigo el Marco dorado. Lo que le enseñó a Mapachín este marco mágico fue los siguiente:

—Mapachín, "sólo perdiste tu dinero".

Al ver lo que el Marco dorado le mostraba, nuestro amiguito Mapachín empezó a alegrarse y, dándole las gracias a Cardenalín, se alejó sonriendo rumbo a su casa con su familia que lo esperaba con alegría y felicidad.

Finalmente, nuestro amigo Cardenalín llegó a la Cueva de los cuadros donde el osito Pardito y sus demás compañeros ya lo esperaban.

Cardenalín fue el ganador del **juego de los marcos**, ya que pudo solucionar tres problemas utilizando siempre los marcos correctos:

—Utilicé el Marco azul para cambiar la impaciencia del changuito por la paciencia y tranquilidad.

—Utilicé el Marco verde de la esperanza para que mi amiga la oruga viera las cosas de forma diferente.

—Utilicé el Marco dorado para que Mapachín viera las cosas de una forma diferente y se pusiera muy contento por todo lo que tenía.

Cardenalín concluyó su relato.

—¡Bravo, bravo, bravo!, gritaron los ositos.

Capítulo 6

Copiando a tus héroes

Cierto día, muy temprano, papá ratón despertó a Ramoncito ratoncito, quien dormía profundamente dentro de su camita hecha de una caja de cerillos.

—Hijo... —Dijo papá ratón— Yo ya estoy viejo y cansado, además ya no puedo correr tan rápido como antes y poder escapar de las garras de Nino el gato que cuida la cocina de esta casa. Por mucho tiempo he sabido burlar la vigilancia de ese gato para poder conseguirles comida a tu madre y a tus hermanos. Ahora te toca a ti aprender a hacer mi trabajo.

Capítulo 6

Ramoncito ratoncito abrió tremendos ojos al imaginarse que ahora tomaría el lugar de su padre, del que había aprendido mucho y al que consideraba un héroe cada vez que lograba burlar al malvado gato.

Rosita ratoncita tomó la palabra y dijo:

—Papá ratón, el día de hoy quiero pedirte que Ramoncito te acompañe para que aprenda cómo haces las cosas para que mañana él lo haga solito.

—Muy bien —dijo papá ratón— entonces vístete rápidamente y vamos a conseguir lo que necesitamos.

Rápidamente Ramoncito se puso sus pantaloncitos cortos y su gorrita azul, diciendo:

—¡Quiero ser tan astuto como tú! —Y llenando su platito de leche, la bebió y se dirigió hacia donde estaba su padre.

—Ahora.. —dijo papá ratón— Éste es el plan: Como la alacena está justamente enfrente de nuestro agujero, tú Ramoncito, correrás hacia la izquierda y te escondes detrás de esa escoba que está recargada junto a la pared; mientras tanto, yo corro rápidamente detrás del refrigerador que está del lado derecho y de ahí corro hacia la estufa, trepo por ella y brinco hacia la alacena.

Así lo hicieron, cada uno corrió hacia el lugar planeado. Ramoncito detrás de la escoba y papá ratón detrás del refrigerador. Ahí permanecieron por unos instantes asegurándose que el gato no estuviera merodeando por ahí.

Unos minutos después, papá ratón salió tan veloz como un rayo hacia la estufa, y justamente cuando trataba de cruzar ¡ZAZ! brincó Nino con sus ojos brillantes y pelo negro encrespado.

—¡Pobre papá ratón!, estaba en aprietos, prisionero en las garras de Nino que de un zarpazo lo había capturado.

De pronto, Ramoncito sintió que todo su cuerpo se estremecía y que una descarga eléctrica recorría todo su cuerpo desde la punta de sus orejitas hasta su colita y, sin pensar en el peligro que corría, se dirigió hacia donde se encontraba Nino. Apresuradamente tomó la escoba que había sido su escondite y ¡PUM! le clavó el palo de la escoba por el rabo.

¡MIAU!, gimió Nino soltando a papá ratón y retorciéndose por el suelo. Esto dio la oportunidad para que papá ratón escapara.

Ya a salvo, papá ratón le contó a Rosita lo que acababa de suceder, y los dos permanecieron abrazados mirando hacia la alacena para ver qué pasaba con su hijo.

Mientras tanto, Ramoncito trepó rápidamente por la estufa y brincó dentro de la alacena. Su corazoncito sonaba como un tambor acelerado

¡TUN..TUN...TUN...! Cerró sus ojitos y se acurrucó junto a un bote lleno de golosinas.

Una vez que se le pasó el susto, abrió la tapa del bote y se dio un atracón de todo lo que encontró. De pronto, se oyó una voz chillona que decía:

—¡Nino, Nino! ¡Sal inmediatamente de la cocina, gato cochino! ¿Qué no ves que acabo de trapear?

Nino salió de la cocina aún gimiendo por el dolor del golpe que Ramocito le había dado.

Mientras tanto, dentro de la alacena, Ramoncito se dio cuenta de que el campo estaba libre, y una vez que su apetito estaba satisfecho tendría que pensar en lo que iba a hacer para poder salir de ahí y llevarse una buena cantidad de provisiones.

¿Cómo haré para llevarme todo lo que necesitamos? Tengo que pensar y planear perfectamente qué es lo que haré. Recordó cómo su padre cada vez que iba en busca de provisiones se colgaba una gran mochila en la espalda, la cual llenaba de comida. Entonces, sin hacer algo precipitadamente, pensó:

—Primero que nada tengo que tener una estrategia para lograr el éxito y sacar suficiente comida para varios días, además no traigo una mochila como la de papá y nadie me puede ayudar. ¡Estoy seguro de que si él ha podido, yo también podré!

Capítulo 6

—¡Ya lo tengo! —exclamó, y cautelosamente asomó la cabeza por una rendija de la alacena, y lanzando un chiflido a su papá le dijo:

—¡Papá, acabo de inventar un modo rápido y fácil para llevar los alimentos desde aquí hasta la puerta de nuestra casa!

—¿Cómo? —contestó papá ratón—, explícame rápido y no pierdas el tiempo que Nino puede aparecer en cualquier momento.

—¡Ahí te va una tira de papel sanitario, sujeta la punta y yo desde aquí haré que resbale la comida hacia la puerta de nuestra casa!

Poco a poco, como si fuera un gran tobogán, el ratoncito fue colocando pedacitos de queso, galletas, terroncitos de azúcar, etc... y todo ello rápidamente fue resbalando directamente hasta el interior de su casita.

Fue tal la cantidad de víveres, que alcanzó para dar de comer a la familia por un mes. Papá ratón abrazó a su hijo y le dijo:

—¡Estoy muy orgulloso de ti, porque antes de actuar pensaste en una estrategia para llevar a cabo tu plan y lo lograste! No sólo copiaste mi procedimiento sino que lo mejoraste al transportar la comida más rápido y sin ningún riesgo.

—Papá, simplemente el observar tus experiencias me sirvió de modelo para mejorar mi plan.

Toda la familia Rataplán se sentó en la mesa para brindar por el éxito del pequeño ratoncito.

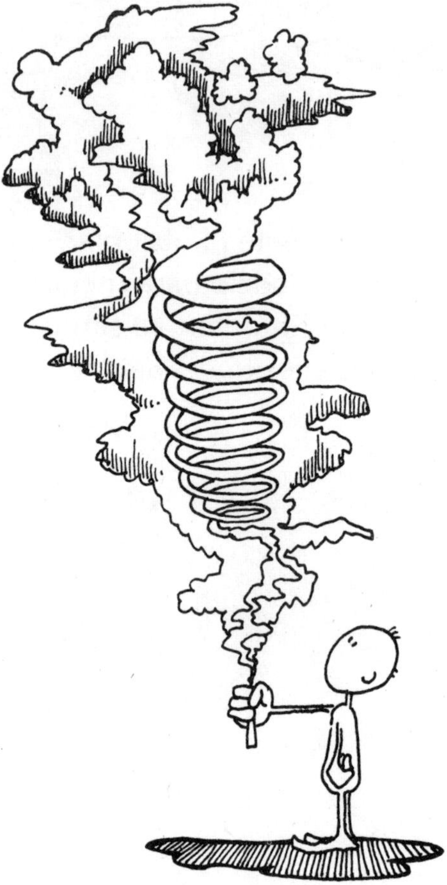

Capítulo 7

Los anteojitos mágicos

Tato el pato un día paseaba por el campo. Estaba triste y apesadumbrado porque se sentía débil y cobarde al no poder defenderse de Quique el ganso que lo había picoteado hasta arrancarle varias plumas de su colita.

—¿Qué haré? —Quisiera ser fuerte y poder defenderme. En ese momento, vio en el camino algo que brillaba, se acercó y vio un par de anteojitos redondos. Con calma se inclinó y los recogió.

—¿De quién serán?, seguramente han de ser de Aristóteles, el búho sabio.

Siguió su camino y encontró a Aristóteles el búho quien le dijo:

—Patito, qué bueno que encontraste

mis anteojitos. Tú eres la persona indicada para usarlos.

—¿Por qué dices eso Aristóteles? Yo veo muy bien y nunca he necesitado anteojos.

—Mira hijo, eso creía yo cuando era de tu edad, pero estos anteojitos son mágicos, póntelos y verás con más claridad lo que necesitas ver.

—Mira amigo, yo veo claramente todo, ahorita lo único que deseo es ser fuerte y menos cobarde para poder defenderme.

—Tato, estos anteojitos te ayudarán —dijo Aristóteles, el búho sabio—. Cuando te los pongas, pregunta lo que quieras saber, y con ellos podrás ver la respuesta.

Muy obediente, Tato se puso los anteojitos y de

inmediato apareció ante sus ojos un letrero que decía: "Si quieres ser fuerte, imagina que lo eres."

—¡Viva, viva! —exclamó— ésa es la clave; debo sentirme más fuerte que Quique el ganso para poder vencerlo. ¡Gracias amigo, ahora veo claramente qué es lo que debo hacer!

Se despidieron los dos amigos, y Tato empezó a repetir:

—"Si quiero ser fuerte, debo pensar que lo soy." En ese momento, Tato el pato vio venir a Quique el ganso quien trató de atacarlo nuevamente.

¡ZAZ! ¡PUM! Sin darle tiempo a Quique, Tato le dio una soberana picotiza mientras repetía en su interior: "Soy más fuerte, soy más fuerte."

Asustado y desplumado, Quique corrió todo lo que pudo para escapar de Tato.

Enseguida el patito, satisfecho, guardó sus anteojitos, feliz por su victoria y siguió su camino, pero empezó a sentir hambre y pensó:

—¿Qué haré para conseguir unos cuantos granitos de maíz para comer?

Se acordó que su amigo el búho le había dicho que con los anteojitos podría ver cualquier cosa con claridad, así que nuevamente se los puso y apareció otro letrero que decía: "Todo lo que tú desees, si te lo propones, lo puedes lograr."

Capítulo 7

—¡Es cierto! Si me lo propongo, puedo conseguir lo que necesito. Y con paso seguro llegó hasta el granero. Afuera estaba Don Chon que, cansado, cargaba pesados costales de grano.

Tato el patito enseguida trató de empujar con su piquito los pesados costales hacia el interior del granero. Don Chon, al ver que el patito trataba de ayudarlo sin lograrlo, le dijo:

—Eres aún muy chiquito, pero noto que tratas de ayudarme y, como premio, te daré suficientes granos para que te alimentes.

—¡Gracias! —graznó Tato patito y picoteando los granitos de maíz calmó su apetito.

Una vez que terminó de comer, se alejó muy contento por haber podido comer hasta estar satisfecho.

—Ahora, lo más importante, tengo que pensar cómo poder alcanzar la felicidad: Sacó nuevamente sus anteojitos, se los puso y ahí estaba la respuesta que decía: "Estar sano es la base de tu poder y de tu felicidad."

—¡Claro! Si no hay salud, no hay fuerza ni felicidad —exclamó el patito—, y sin quitarse los anteojitos hizo otra pregunta —¿Cómo logro tener buena salud?, en ese momento aparecieron unas grandes letras que decían: "Haz ejercicio."

—¡Ah, ya sé lo que haré, y presuroso se dirigió al gimnasio de Lila gorila.

Ahí estaba Lila con sus mallas color de rosa y sus zapatillas blancas.

—¡Hola Tato! ¿Qué andas haciendo por aquí?

—Quiero prepararme para ser un pato sano, fuerte y feliz. ¿Tú puedes ayudarme? Sé que debo ejercitar mi cuerpo y por eso estoy aquí.

—¡Bravo Tato, así se habla! Vamos a empezar inmediatamente; por lo pronto, párate frente a este espejo.

Obediente, Tato se paró frente al espejo, esperando recibir órdenes de su amiga.

Lila gorila se colocó detrás de él y le dijo:

—Párate derecho y pon tus alitas hacia atrás, respira profundamente y pon una cara muy alegre. Recuerda esto: si estás contento, todo lo harás bien.

—Ahora, quiero que me digas: ¿Qué animal es al que admiras más?

Capítulo 7

—¡Al león, por supuesto!, exclamó Tato.

—Bien, dijo Lila, mírate nuevamente al espejo y trata de imitar su mirada feroz y su figura arrogante, y repite este ejercicio diariamente hasta que tu cara cambie de expresión. ¡Ya estás listo! Cuando te encuentres a alguien que te quiera atacar, practica lo que has aprendido.

Satisfecho por la clase, Tato patito despidiéndose de Lila gorila siguió su camino. Al ir rumbo al estanque se encontró a Tote el guajolote que trató de picotearlo, pero ¡oh, sorpresa!, el patito se enfrentó a darle pelea. Tote el guajolote sintió tal miedo, que corrió rápidamente a esconderse.

—¡Cua, cua, cua! —reía Tato—. Con cuánta seguridad me enfrenté a Tote. De ahora en adelante, ya no tendré más miedo.

Muy contento prosiguió su camino hacia el estanque para refrescarse un poco y deslizarse por las tranquilas aguas. Estaba en eso, cuando pasó Aristóteles el búho y le dijo:

—Estoy seguro de que los anteojitos te hicieron ver las cosas que antes no veías y, ahora, como ya has aprendido de ellos, no los necesitas más. ¿Qué te parece si se los damos a otro animalito que los necesite más?, pero antes, repasemos lo que has aprendido.

—Come alimentos sanos. No comas más de lo que tu cuerpo necesita y haz ejercicio para que lleves una vida sana.

Pasó mucho tiempo, y un día al estar nadando Tato con sus patitos, se dio cuenta que hacía falta Lucas el patito menor. De repente, vio venir al patito nadando y gritando: ¡Papi, mira los anteojitos que me encontré!

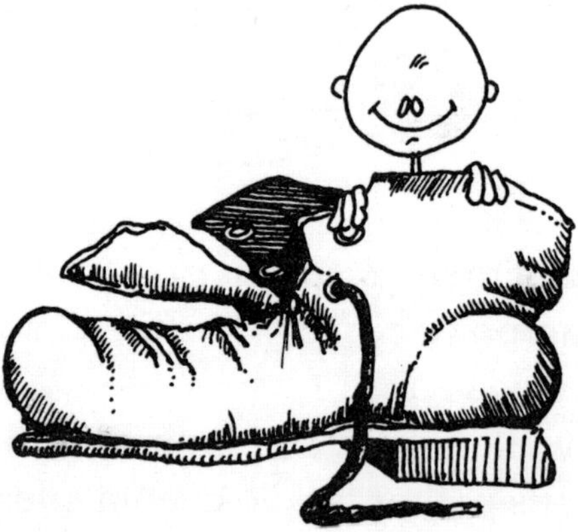

Escribe un cuento

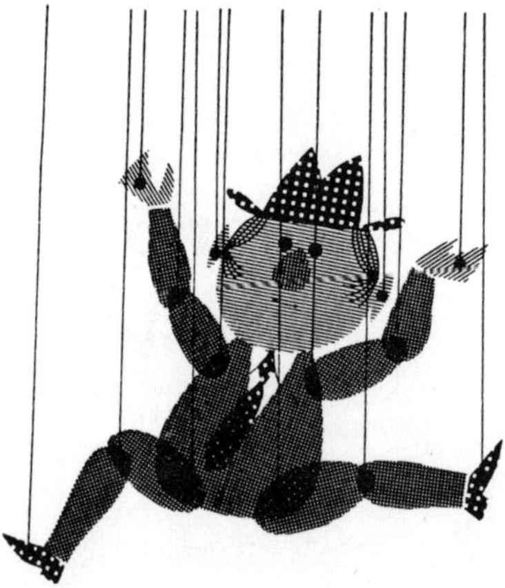

Escribe un cuento

Escribe un cuento

Escribe un cuento

Escribe un cuento

Escribe un cuento

Esta edición se imprimió en Julio de 2004. Impresos
Editoriales Agapando No. 91 México, D. F. 04890